내 손안의 작은 시집

이름 빛깔

진명희 제7시집

내 손안의 작은 시집

이름 빛깔

진명희 제7시집

시아북
siaabook

시인의 말

짧은 글[詩]들만 모아 보았습니다.

과감하게 도려내고 깎아내어 군더더기를 없앤 글들입니다.

한편으론 너무 많이 도려내는 바람에

제 구실을 못할까 봐 염려가 되기도 합니다.

그동안 시집에 발표되었던 글도 몇 편 포함되었습니다.

"짧아야 시의 맛이 나지"라는 어느 시인의 말을 위로 삼아봅니다.

이 황홀한 봄날,

누구나 시집詩集 한 권쯤 품에 지녔으면 좋겠습니다.

신축년 봄날에

진명희 드림

제1부 사랑한다는 것은

제2부 꽃, 피고지다

제3부 바람의 노래

제4부 계절, 소묘

제5부 **아침, 단상**

제1부

사랑한다는 것은

이름
빛깔

이름빛깔

시간 속에서도

퇴색되지 않는

이름 석 자

운명처럼

빛난다

꿈

날개를 가진 새는
날줄을 안다
결코
떨어지지 않고
내려앉을 줄을 안다

만남

개심사
연못에서

얼음을
깨트렸더니

출렁. 하늘이
내려와 앉았다

삶 1

새하얀
눈길

눈부신
햇살

닮고
싶은

삶 2

끊임없는
계단

오르는
발자국마다

넘치는
낙엽

고속도로

말이
필요 없다

뚫린 길로만
살아가고 싶다

수첩

해가
바뀔 때마다
새롭게 바뀌는 수첩
거기, 살아온 순간들이
팔만대장경 판각만큼
빼곡하다, 햇살품은 해인사
대웅전의 육중한 문,
그 무게만큼
짓눌린 채 열리는
삶의 흔적들

돌아보기

어제 내린 눈 위에
오늘의 눈이 또 내리고
어제 찍힌 발자국에
오늘 다시 새겨진 주시점主視點

나래 치며 달린 자리마다
말없이 서서
눈사람처럼 녹아내리는
나

바퀴

돌고 도는 게
무심無心이다

부럽다

때론 나도
무념無念을 모른다

말름

쏟아지는
말, 말들

쉴
사이 없이

쏟아지는
폭포수

연필을 깎으며

연필을 깎는다
살을 저며 내야 흑심이 나온다
흑심이 있어야만 쓸 수가 있다
살점들이 또르르 말린 채
핏방울처럼 떨어진다

사랑아, 살을 저며 내는
내 황홀한 아픔아!

비로소

숨을 쉬면서
살아가야 한다는 것이
얼마나 외롭고 쓸쓸한 일이랴

중환자실 산소마스크를 쓴
환자 앞에서
비로소 숨고르기에 열중이다

사랑

빛나는 빛
그대 눈빛,

나의 시詩
한 편

그 언저리에
맴도는 온기

사랑한다는 것은

사랑한다는 것은
이슬방울 위에 내려앉은
아침햇살 같은 것
이렇게 동여매지 못하는 상처를 주는 것

사랑한다는 것은
눈물 없는 슬픔을 가르쳐 준다는 것

사랑하는 사람이여
낮달이 끝내 제 길을 찾지 못하는구나
어둠이 오는 길목에서
자꾸만 서성거리기 시작하는구나

낙타가 되고 싶다

가끔은
낙타가 되고 싶다
사막 길 타박타박
걷고 걸어서
오아시스 같은
하루를 살고 싶다.

삼겹살을 구우며

뜨거워진 불판위에서
온 몸을 웅크릴수록 윤기와 맛을 낸다

뜨거운 열정
차갑게 식고 식어

흘러가 버리는
겨울이 가고 봄은 오고 있는데

사랑하는 사람아

사랑도 식고 나면
저렇게 까맣게 타고야 마는 것인가

새해맞이

모래알 같은
사람들의 아우성

새해 새아침의
바다

시작은
늘 열정이다

하늘과 바다가
일제히 후끈하다

식탁

가득하다는 것은
또 다른 넉넉함이다
보름달 빛이 쏟아지는 뜰에는
찬바람마저
달빛으로 열린다
내일아침 식탁엔
밥공기마다
가득가득
하얀 달빛이 피어나겠다.

약속

소나기 지난 자리

무지개 떠오르고

지나가버린 시간

말없이 멈추어버린

기억상실증

오늘

오늘이 어제보다 좋은 이유는
이곳에 숨 쉬는 내가 서 있기 때문이다

탄탄히 서서 하늘을 우러르고
땅을 내려다 볼 수 있기 때문이다

지나쳐버린 시간보다
새로운 시간을 보고 있기 때문이다

내일을 기다리는 지점에서
맘껏 부려보는 여유로움 때문일 것이다

자박 自縛

소리 낼 줄 아는
바람을 안다면
소리를 들을 줄 아는
바람을 지나칠 수 있다면

나는 너를
내 곁에 영원히
묶어 둘 것이다

재회

빗속에서

눈물로 반기는

낮달 같은

너의 웃음

포도를 먹으며

다정도 하여라
긴 여름 다가도록
떨어질세라 얼굴을 부비며

튼실한 집안이다

땀방울 빛깔
달콤한 열매
보랏빛 사랑이어라

행복

빛바랜
시간들이
소리 없이 빛나는,

사랑

제2부

꽃, 피고지다

이름
빛깔

꽃잔디

바람이 앉은자리
나비도 앉았다

향기, 퐁퐁퐁퐁 쏟아지는
꽃잎, 망울망울 피어나는

—— 소리.

능소화

햇살보다
더한 뜨거움이
불덩이가
되어
활활 타오르고 있다

마량리 동백, 꽃

빛 고운 꽃잎은
바람의 짝사랑이어라
노을빛으로 물들인
기쁨이어라

장미

겹겹이
나를 감싸도

보일까?

수줍음
밝히는

얼굴

얼음꽃

눈바람 지나친 곳
문득, 멈춘 그 언저리에
피어난 한 송이
눈물이 얼음 되어
배시시 미소하는
꽃

꽃길

바람을 안고
꽃길을 걷는다

여기저기
나부끼는 꽃잎,

갈 길을
모르는 것도 아닌데

왜 이리
어지러울까

목련

바람 속에
목련꽃 피었다

화안한
그대의 웃음

내 가슴
자꾸만 떨렸다

석류꽃

어머니

유월의 뜰에 석류꽃 피어납니다

아침 바람에

꽃잎이 자꾸자꾸

떨어집니다

상사화 1

그립다
미운만큼 그리워서
알몸으로 꽃을 피운다
붉던 가슴, 그대
다가설 수 없는 손길은
푸른 파편이 되어
8월의 뜰에 흩어져 떨어진다
아무도 찾을 수 없는 곳
숨어버린
뿌리는 늘 젖어있다
결코 움직이지 못하는 자리

사랑이란 마주보는 앞에서
멀리 바라보는 것

상사화 2

비가 내리는데
땅을 적시고
몸을 적시는데
가려줄 잎도 없는데
빗물이 눈물처럼
눈물이 빗물처럼
흐르고 있는데
빗소리 울음처럼 들리는데
우산조차 없는데

동백꽃, 피다

동백이
꽃으로 피었다

꽃이 되기 전엔
희망이라 알아채지 못했고
온몸으로 떨어지기 전엔
절망이라 느끼지 못했다

희망은
절망 속에서 피어나고 있었다

선인장꽃

살아온 날 여며보면
눈물자국으로만 번진다
살아갈 날 슬며시 훔쳐보면
세상엔 온통 떨림의 소리뿐
내 여정旅情은 이렇게
숨 가쁘게 지나간 하루들
꽃도 향기도 없는 사막에서
오늘도 쉬지 않고 흐르는
눈물의 강이다

나는 사막 속에서
한 송이 꽃을 피웠다.

안개꽃

바람이 잦아들고
입김이 서려
이슬로 맺힌 자리에
하얀 웃음이 피었다

어여쁘구나!

네 모습 하늘 벽에 걸어놓고
구름 속을 거닐 듯
꽃밭 속을 걷는 듯

황홀한 차림으로
너에게로 가고 싶다.

꽃, 피다

그리도 춥고
메말랐던 겨울

소리치며
바람을 맞는

봄꽃 한 송이
참, 무사하구나

꽃, 지다

푸른 잎 새록새록
피어나듯

꽃잎 진자리

추억처럼 수북이
쌓여 있고

개심사의 벚꽃

1

송이송이 열린 꽃잎
봄, 봄살인지
구름조차 멈춘 발길
바람만이 가득하다

2

산새들이 숨죽였다
부처님은 미동없이
꽃향기에 취했는데
큰소리는 누구일까

3
담장 너머
소리 없이
하르르르 떨어지는
날선 소음騷音 무리들

연꽃

뿌리가 자라 잎이 생겨나고
꽃이 핀다는 것은
그렇구나, 드러낸다는 것

하늘에 해가 떠오르고
바람이 불어온다는 것
밤이면 별은 제 자리에 뜨고
그 곁을 달이 지나간다는 것

그렇게 오고 가는
살아 움직인다는 것으로
천 년 전의 물결이
한 송이 연꽃으로 세상을 여는구나

진달래꽃

찬바람 속을
달려와

숨이
막힌다

그래서
더욱 붉어진

설레는 가슴
수줍게 타 오른다

해바라기

내가
당신을 그리워함은

하늘이 땅으로 쏟아지는 아픔입니다
강물이 되 흐르는 슬픔입니다

내 가슴속에서
파도치는 당신의 모습은

때론 바위였다가
때론 민들레였다가

이제야 비로소
해바라기로 피어납니다.

하얀 장미

아침햇살이
하얗게 다가온다
발걸음이
눈
부
시
다

코스모스 1

코스모스를 노래하는
한 시인이 있었다
쉬지 않고
바래지도 않고
잃지도 않고
둘도 없는 생명을 가진
한 시인이 있었다
둘도 아닌 한 시인이
길가에서 흔들리고 있었다

코스모스 2

어머니가 그립다
꽃을 보고서야
떠오르는 어머니의 얼굴
잊은 것도 아닌데
잊고 살아왔다

눈을 감고도
눈을 뜨고도 보지 못했다

개화

세찬 바람
사랑이었다

쏟아지는
빗줄기도

내가 보았던
네 눈빛도

추사고택 정원에 핀
보랏빛 모란도牧丹圖

오뉴월
한낮이 뜨겁다

제3부

바람의 노래

이름
빛깔

그리움

창문 흔드는 소리
발자국 소리

바람 한 줄기
휑---하니 지나는데

기대고 선
벽이 차갑다

하늘에 차운별이
자꾸만 기운다

돌탑

눈물이 쌓여

무너지지 않을 만큼의
영롱한 돌이 되어

하늘로 향하네

봄비 속에
온몸을 적시네

산사 山寺

적막한
풍경소리

목탁소리
공허한데

염불소리
눈부시다

사과나무

때마다 철마다
여우 짓이다

웃음도
울음도

때론
사랑스럽다

가진 것 없다고
두 팔을 흔들어 대지만

알고 보면
속마다 가득한 의미

넘쳐나는 건

이미 깊은 가을이다

새벽 별

두 손 모으면 기도가 될까

무릎 꿇으면 눈물이 될까

눈을 감으면 하늘이 보일까

문을 열면 십자가를 만날까

웃음을 뿌리며 다가오는

새벽 별, 하나

빗소리

가슴 한복판에

한 마리 새

날아드는 소리

그리고,

내 품에서

퍼득이는 소리

그믐

아아, 그믐이었을까
소스라치게 불던 바람소리
가슴 헤집고 다니며
서럽게 울던,
잠까지 뒤척이며
걸었던 하얀 안개 속에서
바라 본
그림자의 잔영
별빛마저 시렸던 그믐
별을 낳는 아픔이었던 날

들녘에서

지구가 돈다는 것은
세상이 그렇게 돈다는 것입니다

물이 흐른다는 것은
나무는 쑥쑥 치솟아 자란다는 것입니다

보세요, 밖에 비가 내린 자리에
펑펑펑 눈이 쌓이고 있는 모습을

소리 없는 시간들이, 흔적 없는 이야기들이
제각각 돌고 자라고 있는 저 너른 들녘을

사람이 태어난다는 것은
너와 나, 저렇게 어지럽다는 것입니다

아침은

쏟아진 햇살을
쓸어 모아 쥐어본다

뜨거움이
온 가슴에 퍼진다

온몸의 피가 한곳으로 모여
역류하는 기쁨의 전율

아침은
꽃이 되는 연속 작업이다.

바람의 노래

그날의 설렘을
악보로 그려낼 순 없지만
따라 부를 수 있는
높낮이 뚜렷한
바람의 노래

먼 곳까지 마중하지 않아도
소리 없이 다가오는
그날의 그
계절처럼

바위틈에서

작은 생명을
만났다

순간,

발걸음
멈추고

가빠지는
숨결을 내렸다

밤비

어둠속에
하얀 등불 켜지듯
어둠이 일어서는
소리를 듣고 있다

별

빛과 어둠이
공존하는 시간
밤은 어둠만이 아니다

하늘만큼 청청한
한 줌의 먼 빛,

무한으로 만날 수 있는
이 시간

풍경

　맑은 빛으로 가득 찬 호수의 물결은 바람에 몸을 맡긴 채 너울거리고, 먼 곳에서 날아 온 새들은 깃을 모으고 휴식 중이다. 고요와 침묵이 흐르는 호수에 구름이 자맥질이다. 산이 물가로 내려와 앉는다. 호수에 가을 가득, 분주하다.

여행은

또 하나의
그리움으로
시간을 녹여 정제시키는 것
마주보아야 보인다는
대오大悟

두물머리에서

강물이
서로 만난다는 것은
너울지며 물결을 낳는 일이다

그 물결 속에서
수많은 생명이 꿈틀거리며
오늘과 내일을 이어주는 일이다

수면 위에
부서진 빛을 모은다

말없이 서 있는 나무들이
시시각각으로
내 어깨를 감싸주고 있다

사람의 길

길을 걷는다

사람들은 걸으면서
길을 만든다

세상에 길은 많다

선택

옷걸이에 옷을 걸듯
흔들리는 가슴에
한 송이 꽃을 꽂는다
흘러 흘러도
고이지 못하는 강물과도 같은
순간,

선택의 몫

쓸쓸한 오후

꽃잎이
떨어진다

처음 만난 날이 언제였던가
헤아리기도 전에

바람이 쓸고 가는
쓸쓸한 오후 한때

먼 산의 소나무가
얄밉도록 청청하다

아침햇살

이슬방울 털어내는

아침햇살

비 그친 후

다가서는 무지개처럼

경이로운 기쁨,

곧 사라지는 신기루 같은

연못풍경

엉거주춤
오리 한 마리

백조를 꿈꾸는
연못속의 아우성

이슬비

하늘에서 땅까지의
거리가 이만큼인데
쏟아지는 빗소리가
전혀 들리지 않는다
숨죽이던 대지가
고요를 안는다

알람

새벽빛이

마른기침처럼

곤한 잠을

흔들어 깨운다

포옹

찬바람 불면
옷깃을 여미고
길을 걸어요

스며드는
바람까지도
따스하게 안아요

안개

햇살에
몸을 말리는 안개

언덕 위
나무들 잎사귀에

물방울로
둘둘 몸을 말아

햇살과 함께
툭!

풀잎 위에
부서진다

제4부

계절, 소묘

이름
빛깔

겨울, 예당저수지

바람소리 잠재웠다
하늘보기도 접었다
새들은 농익은 날개마저
펼쳐 보이지 않았다
거친 숨소리가 잦아든 자리
가슴으로 저며오는 싸늘한 바람의 고요
겉으로는 하얗게 굳혀버리고
싸늘한 네 몸, 뜨겁게 안고
잠들고 말았는가

미끄럽게 흘러내리는 물 속 깊은 침묵.

겨울서정 1

퐁퐁 내린 것이
하얀 눈인가 했더니
밤새 흘린 내 쓸쓸함이다

녹이지 못한
겨울바람이 달빛과 함께
꽁꽁 언 채로 서 있다.

겨울서정 2

바람으로 듣는
겨울이야기
산자락마다 스며들고
간혹, 지나치다 멈춰서는
이름 모를
새 한 마리
계곡에 발을 적신다

눈 오는 날에

이마를 맞대고
납작납작 앉아있는
하얀 지붕들이 눈부시다

도란도란 새어 나오는 겨울의 밀어
입김으로 눈을 날리며
낮잠에 든 나무들이 고요하다

눈雪길

함부로 밟지도
못한다
속살이 드러날까
손짓조차 두렵다
아무도 모르게
훔쳐보는 눈目이 부시다

그대, 봄

싸늘한
바람

빛나는
한 알의 진주처럼

아름다운
그대, 봄

봄, 저수지

바람
지나간 자리

한걸음
다가서는 안개비

작별 없이 떠난
사랑처럼

아찔하니
멀어진 풍경

봄 햇살

오늘이 간다
다시 못 올 시간이다
또다시 주어지는 날,
축복이듯이
은총이듯이
머리 위에
뜨겁게 내려앉는다.

사월

사월
뜨락에

봉긋봉긋
꽃잎 터진다

나폴나폴
햇살 난다

가득
차오른다

봄비

감미로운 소리
희미한 안개마저
아름다워라

흔들리는 잎새
첫 만남의 떨림 같은

아, 나비의 날개
봄비에 젖어 버렸어라

춘곤

서러움은
눈망울 속에서 붉다

깊이도 모르는 채 허우적거리다가
젖은 몸으로 울어대는

나의 봄이여

오월

꽃잎이
몸을 눕힐 때

초록이
몸부림칠 때

여름

초록빛 세상

땀방울조차

초록빛이다

장마

달빛을
못 본지
오래다

긴
밤을
울었다

폭염

제 몸을
태울 듯이
열기를 토하며

지상,
여기저기에서

사람들은
살기 위해서
죽어가고 있다

입추

바다를 닮은
하늘을 본다

구름은
파도처럼 밀리는데

파도 끝에
차이는

발길 묶인
햇살 한 줌

가을연가

가을은

피어나고 익어가고
채워지는 것,

그리고 넘쳐나는
사랑

고추잠자리, 춤추다

빙글 빙글
돌고 돈다

고추잠자리의
날개 짓

어지럽게 꽃이 피고
아찔하게 시월이 익어간다

낙엽

물수제비를 그리며
너울지는 물결
물결처럼 흔들리는
세상을 본다

바람 이런가
노래 이런가
자꾸만 흘러가는
시간의 그림자

가을단상 1

스산한
바람소리

부르고 싶어도

그저 바라만
보고 있을 뿐

가을단상 2

한 치 앞도 볼 수 없는
안개더미 속에서
싸한 웃음 하나 건졌다

과원의 능금 향기 속에서
붉어가는 가을을 본다

단풍

울긋불긋
가을이 내렸다

내딛는
발걸음,

다가올 겨울은
전혀 몰랐다

홍시

오래되어
포근한 품

엄마의 가슴이
그립다

터질 듯
터질 듯

한 입 쭈욱 빨면
뱃속까지 스며

다시 살아 오르는
엄마의 눈물

환절기

돌아섬은
돌아봄을 말해준다
앞으로 나아감은
곧 뒤돌아섬을 의미한다

네가 나에게서 떠남은
반드시 다시 돌아올 것이라는

자꾸만 흔들리는
그 소망

제5부

아침, 단상

이름
빛깔

마음
— 단상 1

작은 바람에도
흔들린다

나뭇잎
한 장에도

마음을
앗기고 마는

봄
— 단상 2

바람 가득한
뜰에
바싹 몸 붙인
햇살

봄
— 단상 3

혼자 바라보는
아득한 세상

다 가진 듯
웃는 모습

별리別離
— 단상 4

편지함에 꽂힌
네 소식

봄 햇살처럼
슬프다

그리움
— 단상 5

정월에
핀
매화를 본다

발길에
채인
그리움을 닮았다

겨울
— 단상 6

갈대의
민낯을
본다

겨울나무
— 단상 7

카메라에
담아본다

알몸이
부끄러운지

석양에
붉다

생명
— 단상 8

나뭇가지 끝에 매달린
한 잎
바르르 떨고 있다

웬일인지
자꾸만
눈물이 난다

사람
— 단상 9

좋은 만큼
아파온다

미운 만큼
사랑스럽다

사람과
사람사이

엄마생각
— 단상 10

먼 산,

진달래
붉어져 올 때

달빛으로
흐르는 눈물

동백꽃

— 단상 11

동백꽃이
피었다

내
얼굴이

후끈,
달아올랐다

계단
— 단상 12

가위!

바위!

보!

손바닥만큼

넓어진

하늘

산사山寺
— 단상 13

고요를 깨는
목탁소리

참새 떼
파르르 사라졌다

미세먼지
— 단상 14

온몸이
찌뿌둥하다

하루
종일

하늘아래
살았다

바다
— 단상 15

이어달리기하는
물결

출렁이는
바다, 그 광장

여행
— 단상 16

잠을
설쳤다

앞장서는
설렘

명절

— 단상 17

주고받는
인사

꽃처럼
피어나는

마을
골목길

영화
— 단상 18

희喜

노怒

애哀

락樂

오늘
― 단상 19

어제와
닮은

지금
이 자리

만남

— 단상 20

가슴 떨리는
일, 참
좋겠다

TV
— 단상 21

몇 시간
동안

머릿속이
텅 비어졌다

제주도 꽃소식
— 단상 22

2월에
꽃망울 터트렸다는
소식

유채꽃,
이제는 망쳤다고
울상

어느 날의 뉴스
— 단상 23

120원을 주워
경찰서로 달려간 삼형제

갖고 싶은 것은
단돈 500원짜리 풍선껌

풍선처럼 부풀어 오르는
삼형제의 꿈

길
— 단상 24

길을 가다가
문득 떠오르는

제주
올레길

길 위에서 만난
또 다른 길

고향은
— 단상 25

마음 속

그리움 찾아 나서면

낯익은 기억 속

헤매는 낯선 발걸음

사랑
— 단상 26

산책하다
우연히 마주친

고양이
한 마리

눈빛이
예사롭지 않다

굶은 배가
부르다

내 손안의 작은 시집

이름
빛깔

진명희 제7시집

내 손안의 작은 시집

| 진명희 제7시집

지은이 | 진명희
펴낸이 | 김명수
펴낸곳 | 도서출판 시아북(詩芽Book)
발행일 | 2021년 7월 20일

출판등록 | 2018년 3월 30일
주소 | 대전광역시 동구 선화로214번길 21(3F)
전화 | (042) 254-9966, 226-9966
팩스 | (042) 221-3545
E-mail | daegyo9966@hanmail.net

값 8,000원

ISBN 979-11-91108-09-5